EL HÍBRIDO ENTRE LA REVOLUCIÓN Y EL IMPERIO

Jorge Laine

GBH
Books

Editor: Manuel Alemán
Designer: Ricardo Potes Correa

Published in the United States by CBH Books.
CBH Books is a division of Cambridge BrickHouse, Inc.

Cambridge BrickHouse, Inc.
60 Island Street
Lawrence, MA 01840
U.S.A.

First Edition
Printed in Canada
10 9 8 7 6 5 4 3 2 1

Library of Congress Cataloging-in-Publication Data

Laine, Jorge, 1947-
  El híbrido entre la revolución y el imperio / Jorge Laine. -- 1st ed.
    p. cm.

  ISBN 978-1-59835-220-7 (alk. paper)
  1. Mixed economy. 2. Economic policy. 3. Capitalism. 4. Socialism.
  5. Right and left (Political science) I. Title.

  HB90.L347 2010
  330.12'6--dc22

2010006577

Al espíritu bueno,
deseando que nos aborde
con más frecuencia

ÍNDICE

PRÓLOGO

Los himnos nacionales que mejor identifican al actual Imperio Capitalista dominante a nivel global y a la Revolución Socialista que emerge en el ámbito latinoamericano comienzan respectivamente con las letras: *"God save the queen…"*, y *"Gloria al bravo pueblo…"*. El presente ensayo trata sobre el posible nacimiento de un híbrido que reúna los aspectos positivos de cada uno de sus dos progenitores: la Revolución y el Imperio.

INTRODUCCIÓN

La teoría marxista supone que la aplicación de la llamada economía del mercado capitalista lleva a una polarización social entre proletarios cada vez más pobres y capitalistas cada vez más ricos; y enfoca a la oligarquía como la clase social que es necesario suprimir a través de la práctica de la revolución socialista, para así poder romper las supuestas cadenas que condenan al proletariado a una explotación laboral. Esta teoría ha sido el fundamento de regímenes que han fracasado en la Unión Soviética y demás países del bloque comunista europeo, regímenes que ahora han retornado de nuevo al sistema capitalista. Solo persisten siguiendo la teoría marxista en forma radical pocos países como Cuba y Corea del Norte.

Al principio, toda revolución socialista enfrenta un entorno de entidades privadas que mantienen la economía de mercado capitalista; siendo la estrategia revolucionaria el lograr la sustitución de esos entes capitalistas privados por otro único capitalista central. En otras palabras, el sistema capitalista está constituido por una diversidad de estados independientes, que supuestamente mantienen autorregulado el aparato productivo de bienes y servicios; mientras que el sistema

11

que persigue la revolución socialista está orientado hacia el control del aparato productivo por medio de la constitución de un solo estado: el oficial electo por el poder popular.

Simplificando, existen actualmente en el ámbito latinoamericano dos puntos de vista extremos para definir la socioeconomía: el Capitalismo y el Socialismo; siendo los seguidores de esas dos corrientes calificados como imperialistas y revolucionarios, respectivamente. Sin embargo, usando el sentido estricto de la palabra, el socialismo es el concepto opuesto del individualismo, conceptos íntimamente relacionados con la Ciencia y el Arte respectivamente, ya que por lo general las publicaciones científicas se caracterizan por tener varios coautores mientras que las obras de arte, por tener un único autor. Esto quiere decir que el capitalismo no debe tomarse como concepto antagónico del socialismo, lo que abre la posibilidad de la existencia de un híbrido que reúna los aspectos positivos extraídos de ambos: la Revolución y el Imperio.

Hay que recordar que un híbrido como lo es la mula, resulta mejor que sus progenitores: el burro y el caballo, para muchos desempeños campesinos. Análogamente, los recientemente desarrollados automóviles híbridos combinan la energía de la combustión con la energía eléctrica para lograr una mayor eficiencia.

Partiendo de estos conceptos del híbrido, un reto ideal para Latinoamérica en el presente siglo que comienza, sería combinar las dos corrientes: la de la revolución socialista y la del imperio capitalista, para modelar un híbrido que sume sinergísticamente los aspectos positivos de cada una de esas dos corrientes. El principal punto positivo que hay que recordar del capitalismo es que es una de las características que diferencian al ser humano de los demás seres animales; es decir, es una característica innata de su evolución. Tratar de eliminar el capitalismo, es como tratar de que un caballo no galope. En el caso de socialismo, el principal punto positivo es que significa la distribución igualitaria de la riqueza y el derecho de recibir todos por igual una adecuada educación escolar y asistencia médica gratuitas. Un balance entre las dos corrientes compensaría conceptos negativos extremos como: que el socialismo es la distribución igualitaria de la pobreza, o que el capitalismo convierte a un ser humanitario en un ser egoísta.

El parámetro más reconocido por los expertos en macroeconomía para medir el progreso económico de un país: el "Producto Territorial Bruto" (PTB) podría ser cuestionado como injusto, ya que además de que poco toma en cuenta el aspecto social, no distingue los motivos que causan el crecimiento económico. Por ejemplo, y como una paradoja, la guerra puede activar la economía aumentando el PTB más que la paz; propiciando la filosofía de clanes que solo están en paz consigo mismos cuando están en guerra. Otro nuevo parámetro, más relativo a la felicidad que a la productividad (la "Felicidad Territorial Bruta": FTB), derivado del citado balance entre el capitalismo y el socialismo debería ser el indicativo predominante para un futuro mundo feliz. Realmente, *el socialismo es el mejor camino para mejorar el capitalismo; y viceversa.*

CAPÍTULO I
ASPECTOS HISTÓRICOS

Aunque antecediéndose a los conceptos de *El Capital* de Carlos Marx (~1870), la primera revolución de los tiempos modernos que podría catalogarse como "socialista" fue la Revolución Francesa, la cual acabó con la monarquía en ese país; que dominaba una oligarquía conformada por la aristocracia y el alto clero; siendo probablemente el mejor logro de esa revolución la Declaración de los Derechos Humanos (~1790). Sin embargo, esa revolución también significó la implantación del terror de la guillotina, y pronto comenzó a decaer luego de la derrota de Napoleón por el ejército de la monarquía británica en la batalla de Waterloo, que sumándose a la derrota de la armada española en Trafalgar, colocaba a la Gran Bretaña como el supremo imperio a nivel mundial.

Debe ser citada como la primera importante revolución después de la independencia en el ámbito Latinoamericano: la revolución Mexicana, la cual transcurrió a finales del siglo XIX y principios del XX para derrocar la dictadura de Porfirio Díaz, el cual mantuvo el poder durante más de 30 años usando continuas y fraudulentas reelecciones. Aunque sin

15

conocer los recién nacidos conceptos marxistas, esta revolución significó la consecución de guerras civiles por unos 20 años, contando con el apoyo popular en base a la promesa de devolver a los campesinos las tierras que habían sido repartidas a fundaciones porfiristas. Consecuente con los antecedentes de la dictadura, la Constitución naciente de la revolución enfatizaba la prohibición de reelecciones.

Los conceptos del sistema capitalista han permanecido dominando las economías de las civilizaciones mundiales desde los comienzos del Imperio Romano, cuando la sociedad se dividía en dos clases: los nobles, que eran los ricos poseedores de monedas oro, aliados a la corona real; y los plebeyos o villanos, refiriéndose así a los pobres que vivían en los pueblos (villas) de la comarca real. En el ámbito agrícola, los vasallos eran los esclavos de los señores feudales, dueños de las tierras. Una nueva clase: la clase media, marca el inicio del capitalismo moderno, clase que constituye el consumismo de bienes y servicios que promueve el capital de la clase rica. Al igual que antes, la riqueza (o capital) de un país (o de cualquier otro ente) puede medirse por la cantidad (o reservas) de oro contenido en sus arcas; pero actualmente también de acuerdo al control mercantil de una economía basada en monedas de papel, principalmente el dólar estadounidense.

Podríamos definir una dólar-dependencia como el dominio del actual imperio liderado por EE. UU., dependencia que obliga a un país con riquezas naturales (por ejemplo, el caso de Venezuela y su petróleo) a tener que cambiar su riqueza natural por dólares de papel para poder mantener su economía e importar bienes y servicios exigidos por el modernismo.

En la actualidad y a nivel global, el capitalismo es

gobernado por el que podríamos llamar como el imperio anglonorteamericano, que incluye a Norteamérica con la alianza de otros países de la comunidad europea (conformando la organización político-militar OTAN), principalmente el que fuera el principal colonizador de Norteamérica: hoy referido como la "Commonwealth" británica; alianza que puede también relacionarse a la citada idea del híbrido, aunque en este caso el híbrido no es exactamente entre el imperio capitalista y la revolución socialista, sino entre la corona y su antigua colonia. La victoria en la Segunda Guerra Mundial y la caída del muro de Berlín sellaron la toma de posesión del imperio anglonorteamericano como sucesor de la corona británica.

Basados en el Marxismo, las promesas estratégicas de las revoluciones socialistas que condujeron a regímenes comunistas constituyeron las tácticas para lograr el poder con un apoyo popular. Sin embargo, la falta de alcance de esas estrategias han hecho que la vida de las revoluciones socialistas hayan seguido la ley de la campana *gaussiana* con un período relativamente corto de duración; por ejemplo: alrededor de 70 años en la Unión Soviética y demás aliados europeos, estando actualmente llegando a los 50 años en la Cuba castrista.

Desde otro punto de vista, usando un lenguaje teológico: la envidia difundida en la clase pobre por las riquezas de la oligarquía es la principal causante de los triunfos revolucionarios, mientras que el colapso de las revoluciones es inducido principalmente por otro tipo de envidia: la de los individuos que ven como inútil el tratar de aplicar su talento o ingenio para alcanzar un mejor status socioeconómico.

El caso de la República Popular China tiene la particularidad de que, habiendo retornado su economía prácticamente al estilo capitalista mediante una apertura económica al exterior, sin embargo el país sigue conservando la constitución del antiguo régimen comunista con algunos cambios que ahora permiten la propiedad privada; y el líder de la revolución china: Mao Tse-Tun, ya difunto, sigue siendo reconocido como máximo héroe nacional, estando su imagen impresa en todo el papel moneda de ese país. Este caso podría considerarse como el nacimiento de un híbrido prototipo entre el socialismo y el capitalismo, en el cual los chinos parecen estar ignorando cada vez más la discusión sobre las ideologías revolucionarias para entrar en el pragmatismo capitalista. Con la incursión diplomática de China en África y en Latinoamérica, muchos países están al borde de huir del control del imperio anglonorteamericano hacia ese nuevo status chino. Sin embargo, China parece estar convirtiéndose en otra importante potencia capitalista; propiciando un mundo multipolar en cuanto a potencias económicas, vislumbrándose una encabezada por otro país comunista del pasado: Rusia.

CAPÍTULO II

EL BALANCE

CAPITALISMO-SOCIALISMO

Repasando los conceptos capitalistas y socialistas: El trabajo en una empresa capitalista esta orientado por un dueño (o conjunto de dueños o accionistas) el cual controla el estatus económico de los trabajadores de la empresa. Enfrentándose a esto, en el sistema socialista se parte del principio de que habrá un beneficio mayor para los trabajadores si la empresa pasa a pertenecer a ellos, a través del Estado. Sin embargo, desde el punto de vista capitalista, el progreso de una empresa depende más de la habilidad de los dueños (o de sus ejecutivos) para la gerencia de las ventas y las inversiones, que de la habilidad laboral de los trabajadores. Por lo general, el poder ejecutivo en empresas capitalistas representa un pequeño porcentaje del personal total de la empresa; a diferencia de las empresas socialistas estatales, caracterizadas por abundancia de burocracia ejecutiva. Ciertamente, la burocracia coarta la libertad de hacer cosas productivas.

Por otra parte, el sistema capitalista se enfoca hacia la

captación de los mercados para la prestación de servicios y/o producción de bienes de consumo, a través de una competitividad que se traduce en la mejora de la calidad de dichos servicios o bienes de consumo, implicando una continua promoción de la innovación; a diferencia del sistema socialista, donde la carencia de la competitividad es en buena parte el resultado del monopolio estatal dentro del país, careciendo además de competitividad en el exterior del país ya que los manejos de los mercados internacionales están actualmente dominados por las llamadas transnacionales capitalistas; las cuales constituyen poderosas compañías con capital multinacional cuyo funcionamiento está regido principalmente por intereses económicos, aunque también obedeciendo a intereses políticos, que han conducido a situaciones como por ejemplo: el embargo económico a Cuba.

El comercio transnacional fue originado por los árabes que establecieron el comercio entre Europa, el cercano, y el lejano Oriente hace milenios. Esta tradición ha hecho que la ruta de la economía socialista no haya triunfado en países como Egipto y otros del mundo árabe.

El control del mercado internacional por los capitales transnacionales, unido a un poderoso respaldo militar conforma la principal táctica para el actual dominio imperial anglonorteamericano. Cualquier intento de creación de capitalismos de Estado a través de revoluciones socialistas debe competir con desventaja en el mercado global con este poder imperial, lo que promueve la arriba citada ley *gaussiana*.

La guerra global contra el terrorismo y el narcotráfico, constituye un pretexto para justificar el control militar del actual Imperio sobre zonas estratégicas; por ejemplo: los contingentes militares norteamericanos en el Caribe y de la OTAN en el Medio Oriente, cerca de las importantes reservas petroleras del lago de Maracaibo y alrededor del Golfo Pérsico.

La actual guerra fría entre la Revolución y el Imperio significa dos tipos de batallas: una que ganan con frecuencia los revolucionarios al sumar nuevos estados territoriales en comicios electorales, y otra de respuesta de los imperialistas promoviendo embargos económicos y golpes de estado.

En países con un sistema capitalista altamente desarrollado, la oligarquía puede alcanzar una extensión tal que logra confundirse con una sociedad popular, pudiéndose definir a la oligarquía como la constituida por la suma de la clase rica más la clase media. Basta con examinar países como Holanda y Suiza, para darse cuenta de que con la existencia de una contraloría gubernamental con orientación social y exenta de corrupción, se permite una mínima proporción de pobreza en la población. En estos casos, el gobierno orienta parte de los recaudos por impuestos para subsanar la pobreza (cubriendo los gastos por paro forzoso, seguros sociales, etc.). Este escenario está relacionado con lo que podría considerarse como el axioma fundamental del sistema capitalista, que establece que *la mejor forma de combatir la pobreza es desarrollando la riqueza*; es decir: mientras más riqueza en la población que paga impuestos, y mientras mayor sea la proporción de esa población, habrá también más disposición de fondos para eliminar la pobreza. Este axioma contradice el postulado comunista que señala que: *el capitalismo es la fase que precede al imperialismo explotador de la pobreza*, ya que los ejemplos de Suiza y Holanda parecen demostrar que el capitalismo puede ser orientado hacia el bienestar popular.

No debe incluirse en el arriba citado axioma situaciones como la de los recursos naturales impunemente explotados para desarrollar la riqueza de una minoría; por ejemplo, el caso de las minas diamantíferas de algunos países africanos, cuya disputa ha representado principalmente un malestar en la población. Un reconocido ejemplo de la explotación impune es la de los minerales preciosos (oro y plata) durante la época de la conquista del continente americano. La conocida como la fiebre del oro condujo a numerosas batallas en el Caribe entre fuerzas armadas (muchas de ellas piratas) respaldadas por las monarquías europeas, y al exterminio de imperios autóctonos, como por ejemplo, el Azteca y el Inca que cayeron ante el mayor poder militar que poseían los conquistadores Cortez y Pizarro respectivamente. No cabe duda que la fiebre del oro fue también una causante de la lucha por la independencia de los países americanos (y de conquistas como la del Oeste norteamericano), antecediendo una nueva fiebre que estaría por comenzar; actualmente en su apogeo: la fiebre del oro negro. Ciertamente, *la codicia por aumentar el capital promueve la explotación impune sin importar la consecuencia social.*

Contrastando con la estrategia marxista de la repartición igualitaria de la riqueza, la sustitución de un sistema capitalista por una revolución socialista puede conducir al reemplazo de una minoría oligarca por otra formada principalmente por individuos afiliados al poder gubernamental, los cuales logran buenos estatus económicos por el apoyo del capital del Estado. Podemos entonces distinguir dos tipos de oligarcas, un tipo es aquel que consigue su riqueza por el manejo corrupto de recursos de entes estatales o corporativos (en otras palabras: por enriquecimiento ilícito), y el otro tipo, aquel que consigue su riqueza a base de tres factores, 1) su intenso trabajo, 2) su ingenio o talento, y 3) su buena suerte.

En cualquiera de los casos, el capitalista prefiere usar contratistas de confianza en vez de recurrir a licitaciones, y acepta como legal la ganancia por comisión; mientras que para el socialista esas acciones pueden confundirse como corrupción. Probablemente, el principal *modus vivendi* adoptado por la academia ejecutiva capitalista es la palabra en lugar de la firma. Por otra parte, mientras que la dignidad es sinónimo del buen espíritu y mérito del individuo, para el revolucionario la dignidad es además sinónimo del patriotismo antiimperialista, reflejado en consignas como la difundida en algunos países islámicos: **Vive con dignidad o muere como un mártir;** y en la Revolución Cubana: **Patria o muerte.** En otras palabras, se establecen dos puntos de vistas opuestos acerca del espíritu del individuo, ya que un noble podría ser una persona humanitaria y honrada; pero por el contrario podría ser un burgués apátrida vinculado a la corrupción.

La utopía marxista sobre la sustitución del poder capitalista por el poder popular podría transformarse en realidad, si es reorientada hacia un nuevo balance socialista-capitalista funcionando para el bienestar de todo el pueblo. Lo ideal sería que el estado oficial se dedique a discutir y ejecutar las leyes a través de asambleas constituidas equilibradamente por dos partidos principales: uno con tendencias de la izquierda liberal y revolucionara, y otro con tendencias de la derecha conservadora y capitalista, constituyendo dos polos que además incluyan a todos los demás partidos políticos. Dos vicios electorales deben ser evitados: las reelecciones del Presidente y la escogencia unilateral de los ministros y demás miembros importantes por parte del Presidente electo; combinación de vicios tendiente a la constitución de una dictadura colectiva, que puede implicar el florecimiento del discurso demagógico.

Los medios informáticos (prensa, TV, Internet, radio) son de vital importancia para el buen funcionamiento del balance socialista-capitalista. Lo ideal sería que exista una diversidad de medios lo suficientemente independientes con la libertad para criticar verazmente estadísticas y malos funcionamientos, y para denunciar actos de discordia constitucional. Realmente, los medios informáticos son, junto a la familia y a la escuela, los principales promotores de la educación.

"Moral y luces son nuestras primeras necesidades"; es una famosa reflexión de Simón Bolívar, refiriéndose a que la buena educación del pueblo es una necesidad para el buen desarrollo del país, sugiriendo que la elección del poder popular pudiera estar viciada por la demagogia si no hay buena educación.

La estrategia económica en el umbral de revoluciones socialistas que comienzan, implica el control de las ventas para orientar parte de las ganancias para financiar instituciones populares; como por ejemplo: las casas alimentarias, los mercados esporádicos con precios subsidiados (Mercal) y las llamadas misiones en Venezuela, etc. Esta orientación de las ganancias, aunque en principio es positiva desde el punto de vista social a corto plazo, sin embargo reduce la disponibilidad para las inversiones necesarias para el mantenimiento, ampliaciones y mejoras, lo que puede conducir a bajas productividades y a desmejoras socioeconómicas a largo plazo. En el caso de Venezuela, la orientación de la petrolera estatal (PDVSA) hacia beneficio social, puede trastornar la explotación de las grandes reservas de petróleo pesado del Orinoco, ya que esta requiere de altas inversiones por ser petróleo catalogado como no convencional. El costoso *"know-how"* requerido para esta explotación debe ser encontrado en transnacionales de reconocida experiencia (Exxon, Shell, etc.). Cabe destacar que un país desarrollado como lo es

Rusia, no alineado con el actual imperio anglonorteamericano que domina esas transnacionales, sin embargo está aliado a ellas para la explotación de sus grandes yacimientos de gas natural en Siberia.

La implantación de Consejos Comunales, es ciertamente uno de los mejores logros de las revoluciones socialistas; sin embargo, existe la tendencia de convertir el esfuerzo popular en debate ideológico improductivo. Un ícono de la revolución: el Che Guevara, parece concordar con esta opinión en su reflexión: *"En balde sería que profundizáramos nuestra conciencia, si no podemos aumentar nuestra producción"*. En otras palabras, la acción comunal de un individuo deja de ser productiva si la convierte en mera propaganda política. Ciertamente, el político ávido por el poder usa la propaganda para comprar conciencia, contrastando con el capitalista que la usa para aumentar su capital vendiendo su producción.

Probablemente, los mejores Consejos Comunales serían los constituidos por jubilados, dejando la productividad a cargo de la juventud; condición que puede también relacionarse al *peer review* necesario para una buena productividad científica.

CAPÍTULO III

LA HERMANDAD AMERICANA

La interpretación de la doctrina Monroe es uno de los temas más debatidos por los partidarios antiimperialistas. En principio, la doctrina establece que: "América es de los americanos", lo que podría referirse a la independencia de los países americanos de las monarquías europeas; pero una interpretación con otro fondo implica que: "América es de los estadounidenses", teniendo en cuenta que los estadounidenses eran referidos como americanos en Europa y Asia a raíz de la Segunda Guerra Mundial. Por el contrario, un concepto orientado hacia una hermandad favorecería el desarrollo del citado híbrido en donde los americanos sean por igual: estadounidenses, cubanos, venezolanos, argentinos, mexicanos, brasileños, etc.; en contraposición con la filosofía que define esa doctrina como un vehículo para la explotación del país pobre por el rico.

El tema de la inversión es otro debate en el cual los líderes antiimperialistas tienden a rechazar la inversión extranjera prefiriendo la inversión estatal, ya que esta última garantiza que las ganancias no salgan del país. Sin embargo la inversión extranjera puede resultar atractiva ya que por una parte contribuye a reducir el desempleo y por otra parte a aumentar el *know-how* dentro del país por la transferencia tecnológica que recibe. Un ejemplo sobre esto último lo representan las empresas de automóviles japonesas (Honda, Toyota, etc.) y alemanas (BMW, VW, etc.) que establecieron ensambladoras en los Estados Unidos. En poco tiempo, las casas matrices de esas empresas prácticamente se han mudado al nuevo país para el desarrollo y prueba de los nuevos modelos. Algo parecido ha sucedido en Brasil, donde transnacionales automotrices desarrollaron autos adaptados para funcionar con etanol de caña de azúcar.

Las inversiones y los flujos de mercancía, así como también el turismo, son favorecidos por dos factores: la cercanía geográfica y la ausencia de idiomas extraños. Resultaría pronosticable desmejoras en un país que busque alianzas económicas con países lejanos (y con idiomas extraños) en lugar de con los cercanos, tal como parece haberle ocurrido a Cuba, país que buscó aliarse con la Unión Soviética que en definitiva solo tenía un interés político derivado de la guerra fría imperante en ese entonces.

Las alianzas entre países vecinos puede ser el paso inicial para el futuro acercamiento entre los polos Norte y Sur americanos. Por ejemplo, sería deseable que Venezuela buscase la alianza con los demás países que Simón Bolívar libertó (Colombia, Ecuador, Perú y Bolivia), para integrar una República Bolivariana Unida (RBU) con un mercado común como en el inicio de la integración Europea, comenzando con una moneda única para transacciones de importación-exportación entre los países de la RBU, para que luego se transforme en moneda oficial. Realmente, el establecimiento del libre comercio en un mercado común es tarea difícil pero clave para el desarrollo del híbrido. Por el contrario, los problemas políticos que impiden alianzas en la región latinoamericana refuerzan el actual imperio liderado por los EE. UU., y estimula a los potenciales nuevos imperios capitalistas (China, Rusia) para incursionar en una lucha por el dominio en Latinoamérica, lo que activaría nuevas guerras frías y consecuentes embargos.

Deben tomarse en cuenta también para el modelaje del híbrido, los actuales escenarios de los pequeños estados americanos dependientes, teniendo en cuenta el concepto moderno del colonialismo: el control económico de un país políticamente independiente, pero económicamente subdesarrollado, por otro más evolucionado en este aspecto. En el continente americano, tales estados son en mayor o menor grado de dependencia según el caso: Puerto Rico, Belice, Guyana, Trinidad y Tobago, Jamaica, dependencias Holandesas (Surinam, Curazao, etc.) Francesas (Guadalupe, Guayana Francesa, etc.), Islas Malvinas y demás dependencias británicas (Barbados, Bahamas, etc.). Otros pequeños países como la República Dominicana, Costa Rica y Panamá mantienen estrecha vinculación económica con los EE. UU. Ciertamente, mientras más pequeña es la colonia, más pequeño es también el interés de sus pobladores por independizarse completamente, aun estando con su bandera propia incluido como miembro de la Organización de las Naciones Unidas.

El concepto de ser patriota merece también ser definido en el ámbito americano: Históricamente, tiene que ver principalmente con las luchas independentistas de las colonias, que implicaban batallas entre tropas patriotas y tropas realistas. Para el revolucionario latinoamericano actual, el espíritu independentista persiste de tal forma que el patriotismo tiene que ver con el sentimiento antiimperialista. Desde otro punto de vista, el patriotismo puede asociarse a ideas nacionalistas; por ejemplo, un argentino podría ser catalogado como buen patriota al decir que en su país se come la mejor carne del mundo. Por otra parte, el patriotismo está íntimamente relacionado también con el deporte, y aunque Latinoamérica no es propensa a muchas medallas de oro en juegos olímpicos, ciertos deportes ecuestres nacionales son respaldados como si fueran símbolos patrios; por ejemplo, los toros coleados en Venezuela y el polo ecuestre en Argentina, así como también lo es el rodeo en los EE. UU., países prácticamente invencibles a nivel mundial en esos respectivos deportes. El patriotismo se manifiesta modernamente cuando el ganador recibe su trofeo o medalla enarbolando la bandera de su país. En el sistema híbrido, la única guerra posible será la guerra sin muertos ni destrucción, es decir: el deporte.

La más importante característica del continente americano que lo diferencia de los otros continentes es la convivencia y mezcla entre las diferentes razas del planeta: blancos, negros, asiáticos y amerindios, lo que hace de América el laboratorio ideal para perfeccionar el híbrido.

CAPÍTULO IV

LA AGRICULTURA COMO BASE DE LA ECONOMÍA

La idea de expropiar latifundios que funcionan con el arcaico método del pastoreo que hace rotar el ganado en extensos potreros, y transformarlos en modernas fincas que funcionen con alimentación servida al ganado, es realmente progresista, pero requieren de la organización de una agricultura muy desarrollada que no puede ejecutarse a corto plazo. Como consecuencia, en el caso de Venezuela, las expropiaciones de hatos ganaderos privados ha significado la formación de cooperativas socialistas que solo han alcanzado el autobeneficio, desmejorando la productividad orientada al país. Como resultado, Venezuela se ha convertido en un importador de carne, cosa que en raras ocasiones ocurría en el pasado. Otro ejemplo sobre el deterioro de la productividad agrícola en este mismo país es el arroz (el verdadero pan del pueblo venezolano); cuyo auge significó el autoabastecimiento con ocasionales excedentes para exportación, luego de la puesta en funcionamiento de extensos sistemas de riego hace varias décadas (represa del Guárico); pero debido al control estatal de los precios que desincentiva a los productores, Venezuela ahora comienza a sufrir períodos de escasez de arroz. Sumándose al deterioro de la productividad agrícola están otros renglones básicos de producción endógena venezolana como la azúcar y el café que también tienden a escasear.

En contraposición con el lema capitalista que persigue el ahorro derivado de la simplificación en todos los pasos de la cadena productiva, el exceso de burocracia en empresas socialistas obstaculiza los pasos de la complicada cadena alimentaria; que en el caso de productos agrícolas comprende: elección de la semilla, siembra, riego, cosecha, transporte, procesamiento, empaque, y distribución en el mercado. La cadena se hace aún más complicada en el caso de productos frescos (leche, carne, pescado) por la necesidad de refrigeración; o en el caso de algunos cultivos perennes, como café, cacao, copra (pulpa del coco), donde el procesamiento inicial (desconche, secado) es por lo general realizado artesanalmente en la misma hacienda productora.

Como ejemplo que confirma el estancamiento y la baja productividad de los sistemas de cooperativas agrícolas socialistas, está el caso de la Unión Soviética, que en sus últimos años de subsistencia antes de la disolución del régimen comunista, tenía que importar trigo desde los Estados Unidos. Otro ejemplo se puede extraer de la actual Revolución Cubana, donde contrastando con aspectos positivos como la mejora de la competitividad deportiva y de la asistencia médica popular entre otras, está la deficiente productividad agrícola que se ha traducido en un permanente uso de cartillas de racionamiento de alimentos. Antes de la toma del poder por Fidel Castro hace medio siglo, Cuba estaba entre los primeros como productor y exportador de azúcar de caña a nivel mundial; situación que luego mantuvo con la ayuda soviética. Hoy en día solo alcanza una producción casi 5 veces menor. Por supuesto, el bloqueo del comercio transnacional, arriba citado, y la desaparición de la ayuda soviética por el colapso del comunismo en Europa en la década de los 90 han sido factores que han contribuido a la baja productividad agrícola cubana.

Estos ejemplos sobre la agricultura soviética y cubana conducen a concluir que la propiedad privada es de fundamental importancia como una garantía para asegurar que el financiamiento otorgado sea productivo. Por lo tanto, un estado rico como lo es el venezolano, debería participar más bien como socio de fincas privadas productivas en vez de estatizarlas, costeando además la infraestructura agrícola como vías de penetración, sistemas de riego, centros de acopio, etc. El apoyo al sector privado agrícola con capital del estado puede ser la clave para el desarrollo del híbrido.

Los pronósticos sobre escasez de alimentos en Latinoamérica, no tienen mucho que ver con escasez de tierras fértiles, las cuales abundan en esta región, sino con una escasez de fondos necesarios para incentivar la producción de fincas agropecuarias privadas. Sumándose a esto, está la marcada centralización de la población hacia las zonas urbanas, lo cual obedece a los deficientes servicios de salud, transporte, etc., existentes en las zonas rurales latinoamericanas. Consecuentemente, la estrategia de evitar escasez de alimentos debería ser alcanzada a partir de la descentralización de la población auspiciada por incentivos económicos y mejora de servicios en poblados del campo que motiven el retorno hacia el ámbito agropecuario de los millones de habitantes que hay en las zonas marginales de las ciudades en Latinoamérica. Favorecer la ruralización en lugar de la urbanización estimula la producción de alimentos para su consumo en las cercanías, simplificando la complicada cadena alimentaria arriba citada. Otra forma de incentivar el retorno al campo es promoviendo producciones que requieran mano de obra en lugar de maquinaria; por ejemplo especies perennes (palmas oleaginosas, café, frutales, etc.); que además dañan y agotan el suelo menos que las especies de cultivo anual, las cuales generalmente requieren de maquinaria para el cultivo y la cosecha.

El caso de México ejemplifica un país Latinoamericano, que a pesar de poseer una buena productividad agrícola, debe importar alimentos básicos (maíz) debido al aumento de su población, actualmente sobre los 100 millones de habitantes, constituyendo el país más densamente poblado de Latinoamérica. Otros extensos países latinoamericanos pero con menor densidad demográfica como Brasil o Argentina, tienen también una buena productividad agrícola, pero por el contrario a México, tienen capacidad para exportación de alimentos. Esto demuestra la necesidad de controlar el crecimiento de la población en países latinoamericanos para no llegar a situaciones como la que comienza a enfrentar México.

Ciertamente, las hambrunas (que sufren el 15 % de la población mundial) no deben ser atribuidas a escasez de suficientes tierras fértiles, sino a factores económicos derivados de problemas políticos. Aplicando la agricultura eficientemente, bastaría con emplear el 10 % del total de las tierras fértiles del mundo para abastecer de alimentos a toda la humanidad. Sin embargo, este estimado cambia enormemente de acuerdo al grado de desarrollo agrícola de cada país; por ejemplo, Etiopía produce 2 toneladas de trigo por cada hectárea sembrada, mientras que Holanda produce 10.

La hambruna, la pobreza y el desabastecimiento de alimentos forman un círculo vicioso, es decir: donde no hay dinero no habrá incentivo para el suministro de alimentos causando hambruna; de aquí el principio de considerar a la agricultura como el mejor camino para lograr una economía sustentable. Holanda y Suiza son dos países altamente desarrollados a pesar de solo tener como único recurso natural una pequeña extensión de tierras cultivables, pero que aprovechan tan eficientemente que se dan el lujo de ser países exportadores de queso.

En el ámbito agrícola latinoamericano es prioritario considerar soluciones para el actual narcotráfico. Una investigación sobre los aspectos económicos, médicos, tecnológicos y sociales debe intensificarse para lograr que algunas actividades actualmente ilegales puedan transformarse y caer dentro de marcos legales similares a los establecidos por las leyes que controlan el tabaco y el alcohol. Por ejemplo, los gobiernos de algunos países europeos y de algunos estados de los EE. UU., ya han establecido algunas leyes para permitir el consumo de cannabis. Realmente, al igual que el tabaco y el café, otras tradiciones latinoamericanas (el chimó en Venezuela, el mate en Argentina, la hoja de coca en Perú y Bolivia, etc.) pueden ser respaldadas, con ciertas condiciones que representen beneficio socioeconómico sin causar daños a la salud; sirviendo además para combatir el narcotráfico más dañino; el de las drogas sintéticas: cocaína, heroína, anfetaminas, etc.; las cuales crean hábito a tan elevado costo como para constituirse en vectores del crimen.

CAPÍTULO V

EL FIN DE LA ERA DE LA COMBUSTIÓN

Luego de ciento cincuenta años de haberse perforado los primeros pozos petroleros comerciales que marcaron el inicio de la Revolución Industrial, el petróleo se ha constituido sin lugar a dudas en uno de los principales protagonistas a nivel global, no solo por su imprescindible función energética sino también por su influencia en la economía. Los desplazamientos de las curvas de la oferta y la demanda dominan los precios del petróleo de tal forma que, el aumento del precio se debe a la necesidad de una mayor inversión para poder aumentar la oferta (por la explotación de nuevos yacimientos no convencionales o "difíciles"), mientras que la disminución del precio inhibe la oferta, incentivando el uso de la bioenergía (biocombustibles: etanol, biodiesel, y madera) y otras fuentes de energía renovables (solar, eólica, hidráulica, etc.), además de ayudar a solventar crisis globales como la crisis hipotecaria que acompañó la gran caída del precio del petróleo en 2008.

A pesar de los esfuerzos en investigación y desarrollo sobre la exploración y explotación de nuevos depósitos de petróleo por parte de compañías líderes como Exxon y Shell, la reconocida teoría del pico de Hubbert, pronostica que estamos actualmente en la década del tope de las reservas mundiales probadas de petróleo convencional, o petróleo "fácil", estimándose un plazo de aproximadamente 50 años para el agotamiento de esas reservas. Esta incertidumbre hace pensar que la producción de combustibles líquidos a partir de carbón mineral, que abunda mucho más que el petróleo, podría ser una alternativa emergente usando procesos de liquefacción del carbón ya establecidos aunque casi olvidados por el actual auge del petróleo. Uno de estos procesos es la síntesis Fischer-Tropsch, desarrollada en Alemania a comienzos del siglo pasado. En la Segunda Guerra Mundial, al no tener los alemanes un suministro permanente de petróleo, aplicaron por primera vez el proceso Fischer-Tropsch usando carbón mineral como una alternativa para poder mover sus vehículos de combate.

Realmente, las dos guerras mundiales funcionaron como un catalizador para acelerar innovaciones en los vehículos de transporte y en sus combustibles. La guerra del Golfo Pérsico en 1990, no cabe duda que fue motivada en parte por la estrategia de controlar las grandes reservas de petróleo localizadas en esa zona. Entre las crisis vinculadas al petróleo están: las guerras por el control del canal de Suez ("la autopista del petróleo") en 1956 y 1967, la cuarta guerra árabe-israelí que condujo al embargo petrolero de 1973, y las recientes incursiones guerrilleras en instalaciones petroleras del delta del Níger en África, y en secuestros de barcos tanqueros; además de los deterioros ambientales como los causados por derrames de petróleo y por emisiones contaminantes producidas por la combustión (tratadas en la sección siguiente). Todas estas crisis parecen estar convirtiendo el calificativo de "oro negro" en "excremento del diablo", tal como lo predijo el venezolano Juan Pablo Pérez Alfonzo, para muchos considerado como el Padre de la OPEP (Organización de Países Exportadores de Petróleo).

El renacimiento de Fischer-Tropsch servirá en un futuro cercano para reemplazar al exhausto petróleo "fácil", no solo por carbón convertido en *Synfuel* líquido, sino también por gas natural convertido en GTL (del inglés: *gas-to-liquid*), y aun por BTL (*biomass-to-liquid*) obtenido a partir de madera o desechos agrícolas. Una gran ventaja del GTL es que, produciéndolo in situ, se evita la necesidad de transporte usando largos gasoductos o tanqueros criogénicos de LNG (gas licuado). Todos estos novedosos combustibles líquidos (o "combustibles sintéticos") podríamos catalogarlos como petróleo "difícil", donde debemos incluir también los combustibles derivados de petróleos pesados (que abundan en Venezuela) y arenas bituminosas (que abundan en Canadá), así como también los que podrían extraerse en un futuro en los yacimientos situados en alta mar y en el *permafrost* (tierras congeladas cercana a los polos).

En Latinoamérica existen unas prospectivas reservas de petróleo "difícil", por ejemplo: el petróleo pesado de la faja del Orinoco, yacimientos costa afuera en Brasil y Argentina, además de otros en el Caribe, Golfo de México, y en el Pacífico. El híbrido americano debería incluir el establecimiento de una cumbre unificada de las compañías petroleras regionales (Pdvsa, Pemex, Petrobras, etc.) para lograr convenios con las transnacionales donde está el mejor *know-how* petrolero (Exxon, Shell, etc.), con el fin de maximizar el beneficio económico para la región latinoamericana. Un enfoque parecido debe existir con respecto a las alternativas de energía "limpia" que emergen para substituir la combustión: energía solar, eólica, geotérmica, etc., las cuales son energías primarias destinadas a producir electricidad, promoviendo la aparición de vehículos de transporte a base de baterías eléctricas recargables. No cabe duda que la transferencia de tecnología en materia de petróleo difícil y de energía limpia en el continente americano debe seguir una orientación desde el norte hacia el sur. Tal sería el caso también de los automóviles híbridos con batería de combustible (celda de hidrógeno) que están siendo introducidos en el mercado en países muy desarrollados. La tendencia de independizar el transporte vehicular (terrestre, marino y aéreo) de los hidrocarburos es cada vez más acentuada; probablemente, el transporte aéreo sería el último en independizarse.

Hay que remarcar que la energía nuclear no debe ser incluida en el grupo de la energía "limpia", al menos hasta el presente, debido a la gran dificultad para el desecho del material radiactivo usado. Sumándose al problema del desecho, está la posible proliferación de bombas atómicas que pudieran caer en manos terroristas. Sin embargo, así como transcurrió un período entre el desarrollo de la máquina de vapor y el desarrollo de los modernos motores de combustión interna, es de esperar también otro período para la solución de los problemas asociados a esa alternativa energética. Cabe destacar que a diferencia de la actualmente usada fisión nuclear, la fusión nuclear, que está en etapa inicial de investigación y desarrollo, es catalogada como energía limpia.

Probablemente, la energía nuclear será una fuente importante para el futuro cuando sean necesarias grandes cantidades de energía para desalinizar agua de mar para subsanar deficiencias de los recursos de agua potable y de riego, y para la obtención de hidrógeno por electrólisis del agua para ser usado en las eficientes celdas de combustibles que posiblemente movilizaran el transporte del futuro.

Estamos iniciando el fin de la era de la combustión de los hidrocarburos fósiles, por lo que es muy probable que nuestros hijos y/o nietos estén presentes en el inicio y cumbre de la nueva era de la energía limpia, con la expectativa de que ella esté gobernada por el híbrido socialista-capitalista.

CAPÍTULO VI

EL DILEMA DEL
CALENTAMIENTO GLOBAL

Íntimamente relacionado con el calentamiento global, supuestamente debido al efecto invernadero causado por la emisión antropogénica de CO_2 y otros gases (NO_2, CH_4, etc.), lo constituye la creación del Protocolo de Kioto, que surge como parte de la "cruzada" encabezada por Al Gore (famoso vicepresidente de los Estados Unidos) y el IPCC (Intergovernmental Panel on Climate Change), organismo para algunos entendidos engendrado por otro personaje político del Imperio anglonorteamericano: Margaret Tatcher.

Los pronósticos del IPCC son alarmantes: un calentamiento de 4 grados C en la temperatura promedio del planeta para finales de este siglo, que ocasionaría graves trastornos ambientales como, por ejemplo, el aumento del nivel del mar y el desabastecimiento de agua dulce por el derretimiento de los glaciares, el aumento de la frecuencia e intensidad de huracanes, intensificación del fenómeno El Niño causando desertificación en selvas tropicales, muerte de barreras coralinas por acidificación de los océanos (*coral bleaching*), y una posible autoaceleración del calentamiento global por el aumento de emisiones provenientes de hidratos de metano por el derretimiento del *permafrost*.

El movimiento ambientalista que apoya la teoría de que el responsable por el actual calentamiento global es el ser humano, ha adquirido una gran dimensión que está influenciando no solo la orientación de investigaciones científicas, sino también decisiones políticas; acentuando el dilema de decidir si comenzar acciones que luego resulten innecesarias, o no comenzarlas para que luego resulte ser muy tarde para su comienzo. Paradójicamente, la humanidad parece estar requiriendo nuevos ingenios para resolver los problemas creados por el éxito de la ingeniería.

El Protocolo de Kioto (1997) que continuó en Copenhague en el 2009, establece un mercado de créditos de carbono en el cual emitir CO_2 a la atmósfera por la combustión de hidrocarburos fósiles significa un pasivo o deuda, mientras que capturarlo o evitarlo se convierte en un activo financiable. Tomando en cuenta que la fotosíntesis captura CO_2, los créditos de carbono favorecen entonces el uso de biocombustibles (etanol y biodiesel), cuyo aporte neto de CO_2 a la atmósfera es supuestamente cero. Por otra parte, esos créditos también sirven a proyectos de tecnologías actualmente poco eficientes (celdas fotovoltaicas) o complicadas para países "en vías de desarrollo"; como por ejemplo, las que involucran el secuestro subterráneo de CO_2; cuyo objetivo más real es la extracción de metano atrapado en mantos de carbón mineral profundo, o la recuperación secundaria de petróleo. Al parecer, la orientación del protocolo es no solo de protección ambiental sino también de índole económica; pero ambas orientaciones están vinculadas ya que, aunque parezca chantaje, el temor por el cambio climático se convierte en una justificación para la obtención de créditos. En otras palabras, el cambio climático es como un substituto de la guerra para seguir aumentando el PTB.

Podría especularse que un objetivo de la mencionada cruzada es ratificar el calificativo de "excremento del diablo" para lo que anteriormente era calificado como "oro negro". El contagio mediático es tal que para muchos, el CO_2 emitido a la atmósfera por la combustión de los hidrocarburos fósiles es perjudicial para el clima del planeta; para otros, es simplemente un fertilizante atmosférico bueno para los vegetales, siendo el Sol: dios de los Mayas, los Egipcios y otras antiguas civilizaciones, el verdadero responsable por los cambios climáticos. En otras palabras, la bulla sobre el calentamiento global puede que sea meramente propaganda con disfraz de ciencia para acaparar las reservas de petróleo "fácil" que, de lo contrario, podrían agotarse temprano en este siglo.

Definiendo el acceso a la electricidad como el paso inicial para el desarrollo de un pueblo ubicado en el llamado Tercer Mundo, no cabe duda de que el Protocolo de Kioto convierte a ese paso en un lujo. Un país pobre que quiera instalar una central eléctrica convencional, que use por ejemplo carbón mineral propio, le sería difícil conseguir financiamiento si el mercado estuviera dominado por los créditos de carbono; a menos que contrate el costoso *know-how* para secuestrar el CO_2 emitido.

Actualmente 1/3 de la población mundial no tiene acceso a la electricidad, empleando mayormente leña para sus requerimientos energéticos, lo cual implicaría un futuro aumento de la deforestación global por el crecimiento de la población del Tercer Mundo.

Conclusiones extraídas de numerosas investigaciones sobre antiguas civilizaciones como lo fueron la Maya, la Egipcia, y la Mesopotámica, parecen confirmar que los cambios climáticos actuaron como catalizador acelerando los problemas políticos que causaron los colapsos de esas civilizaciones. En la actualidad, dicha catálisis se convierte en autocatálisis ya que, a diferencia de las antiguas civilizaciones, el aumento demográfico del presente empeora la contaminación en el planeta. Lamentablemente, la natalidad humana es como un tabú que ninguna autoridad se atreve a tocar seriamente como tecla importante para tratar de controlar el problema ambiental.

El control del calentamiento global para salvaguardar a la población humana, puede que sea irrelevante frente al control del crecimiento de dicha población para asegurar un medio ambiente sustentable. Esta posible realidad respalda el postulado indigenista de Evo Morales: *"Los derechos de la madre tierra están por delante de los derechos humanos"*. Latinoamérica posee las condiciones ideales para emprender un programa de control de la natalidad y preservación del medio ambiente, para evitar alcanzar situaciones de sobrepoblación humana y de contaminación ambiental parecidas a las que actualmente sufren algunos países asiáticos (India, China, etc.); situaciones en parte debidas a los avances petroquímicos que lograron el uso del nitrógeno atmosférico para producir químicos fertilizantes que, junto con la mecanización de la agricultura y el desarrollo de semillas mejoradas, originaron la llamada "revolución verde" a mediados del siglo pasado.

El control de la natalidad en clases sociales de escasos recursos económicos podría implementarse ofreciendo orientación y servicios médicos especializados en centros médicos populares, por ejemplo: "Barrio Adentro" de Venezuela. Ciertamente, mientras más desarrollado es el país (ejemplos citados de Suiza y Holanda) mayor es la tendencia de sustentar una densidad de población constante.

CAPÍTULO VII

EL NEOCOLONIALISMO
DEL ORO VERDE

Podría ser contraproducente para un Tercer Mundo propenso a la hambruna, verse tentado a producir biocombustibles; de hecho la mitad del tercer mundo ya está sufriendo de desnutrición. Consecuentemente, los biocombustibles no deben ser considerados como una solución definitiva para sustituir a los combustibles fósiles que están por agotarse, sino más bien como un vehículo de transición entre la actual era de la combustión y la nueva era de la energía limpia.

Los biocombustibles pueden ser incluidos dentro de un concepto más general: la bioenergía, que es energía renovable producida a partir de biomasa; lo que se relaciona con otra forma de obtención de los créditos de carbono: la aforestación; es decir la transformación de tierras áridas en bosques. Un reto serán las zonas desérticas del norte de África y el Medio Oriente, ya que para su aforestación probablemente se requerirá la desalinización del agua para el riego. La aforestación sería la mejor alternativa para la producción de bioenergía, ya que así las tierras naturalmente fértiles quedarían reservadas para la producción de alimentos. Parte de la investigación en este sentido está siendo dirigida hacia el estudio de especies arbóreas apropiadas para la aforestación; por ejemplo en Australia, un país con abundancia de zonas desérticas, están usando una especie de eucalipto que retoña rápido al ser talado, lo que permite talas renovables cada 3-5 años, para ser procesado integralmente obteniéndose además de energía eléctrica, aceite de eucalipto que puede transformarse en biodiesel, y un tipo de coque vegetal que puede ser usado como un agrocarbono (del inglés: "*agrichar*", también llamado "*biochar*") para el mejoramiento de la fertilidad de suelos, además de ser considerado como método de secuestro de carbono : "CCS" (del inglés: *carbón capture and storage*) para remediar el calentamiento global; siendo este novedoso subproducto parte del actualmente debatido tema de la *terra preta* (tierra negra en portugués): un tipo de suelo antropogénico muy fértil establecido por los indios del Amazonas hace más de mil años.

Una posible vía para sintetizar *terra preta* sería usando "*agrichar*" obtenido de los hidrocarburos fósiles. Por ejemplo, en el caso particular de las grandes reservas de petróleo pesado de la faja bituminosa del Orinoco en Venezuela; uno de los procesamientos más viables implica el uso de la pirólisis, con la cual se logra la transformación de ese petróleo pesado en petróleo liviano y abundante coque como subproducto. Quedaría por investigar si ese coque puede ser usado efectivamente como un "*agrichar*". De manera metafórica, estaríamos sembrando el petróleo para cosechar bioenergía.

Exceptuando a los miembros de la OPEP, los demás países ávidos por tener el tanque de combustible lleno tendrán que escoger entre el petróleo difícil o el biocombustible fácil; sería como enfrentar una "Y" donde una vía requiere de mucho *know-how* y la otra puede que conduzca a un nuevo colonialismo: el neocolonialismo del oro verde.

Otra forma de obtener biocombustible actualmente en etapa de desarrollo, que teóricamente no necesita tierra fértil o agua desalinizada es a partir de criaderos ictícolas (algas), requiriendo estar adyacentes a procesos de combustión por la necesidad de altas concentraciones de CO_2.

Además de poder empeorar el abastecimiento alimentario si se efectúa en países con agricultura poco desarrollada, el uso de la tierra con fines de producción de biocombustibles también causa daños a la biodiversidad; en particular por la conversión de selvas tropicales en monocultivos (palma africana, caña de azúcar, etc.), debido a que en las latitudes tropicales es donde se reúnen las mejores condiciones para la agricultura (temperatura, luz solar, y abundante agua). La transformación de selvas tropicales con fines de producción de materia prima para biocombustibles ya ha comenzado en gran escala en regiones tropicales asiáticas (Malasia e Indonesia tienen cultivos de palma en 2/3 del total de su tierra cultivada) colocando en peligro de extinción a ciertas especies de la biodiversidad como orangutanes y otras.

El legendario revolucionario de la guerra federal venezolana (siglo XIX): Ezequiel Zamora, propugnaba una reforma agraria basada en que: "***La tierra no es de nadie, es de todos***". Hoy en día esa reflexión adquiere más validez si, y solo si, en lugar de referirse a los seres humanos se refiere a toda la biodiversidad.

La fiebre del oro verde se intensifica en las selvas tropicales de Asia, mientras que otras grandes extensiones de selva en el África Central y en el Amazonas permanecen propensas al contagio.

El Síndrome de Bambi (citado en la revista *Science*), que hace ver todo desarrollo del trópico como catastrófico, parece acentuarse con los pronósticos de la expansión de tales monocultivos, considerando que la mayoría de las selvas tropicales están en zonas en vías de desarrollo, que para poder aumentar el consumo energético que estaría asociado a ese desarrollo (acceso a la electricidad, transporte automotriz, etc.), podrían verse tentados a cultivar materia prima para biocombustibles, no solo para su propio consumo, sino también para satisfacer las reservas estratégicas de combustibles líquidos de los países más desarrollados, reservas que en un futuro tal vez ya no serían de petróleo, sino de biocombustible! Teniendo en cuenta que una hectárea de palma africana o de caña de azúcar puede producir hasta 30 bbl de biodiesel o bioetanol por año, el área selvática global entre los trópicos de Cáncer y de Capricornio (que aproximadamente suma un poco más de 1 Ghectárea) sería suficiente para sustituir por biocombustibles la producción global de petróleo: 30 Gbbl = 30 mil millones (o billones) de barriles.

Por lo tanto, la reversión de zonas desertificadas en tierras fértiles o bosques, y el aumento del área de parques nacionales o reservas de biodiversidad deberán ser temas prioritarios antes de implementar la bioenergía a gran escala.

A pesar de los aspectos negativos citados arriba acerca de la producción de biocombustibles, esta puede ser una solución a corto plazo para alcanzar los requerimientos energéticos de un buen desarrollo en Latinoamérica, que además aumentaría el empleo en áreas rurales. Por lo tanto, sería conveniente establecer un protocolo latinoamericano sobre producción de bioenergía, tomando en cuenta los siguientes aspectos: *a)* la oferta de renglones alimenticios no debe ser afectada (particularmente importante en los casos del maíz y la caña de azúcar) por la producción de biocombustibles; *b)* la producción de la materia prima para biocombustibles debe estar preferentemente en zonas revertidas de la desertificación, y en renglones de poco mercado alimenticio (palma africana), o no comestibles (madera); c) el trueque de combustible fósil por biocombustible entre países petroleros y no petroleros latinoamericanos, podría abarcar también el trueque directo de combustible fósil por alimento, estableciendo equivalencias como por ejemplo: un barril de petróleo equivale a las calorías de un barril de etanol, que puede obtenerse con unos 300 kg de azúcar (o a otros valores estimados para el maíz, el arroz, o la soya).

El pasado y el presente del continente americano se han caracterizado por la sucesión de dos colonialismos: primero el causado por el oro buscado en las cordilleras por los conquistadores que llegaban de los imperios europeos, y después el causado por el llamado oro negro, encontrado primeramente en las planicies norteamericanas, y luego en el Lago de Maracaibo, en el Golfo de México, Alaska, etc. Ahora pareciera que estamos enrumbándonos hacia un futuro con un nuevo colonialismo: el del oro verde, localizado en las latitudes tropicales.

CAPÍTULO VIII

LA MASCOTA DEL FUTURO

Se puede decir que el dominio del ser humano en el mundo está vinculado a la producción de servicios (electricidad, transporte público, etc.) y bienes de consumo (alimentos, combustibles, etc.), siendo la función de las computadoras cada vez más importante en ese dominio. Mucho más acelerado en comparación con cualquier otro auge de la Revolución Industrial, es el actual auge de las innovaciones relacionadas con el ordenamiento computacional, también llamado cibernética. Innovaciones como: el acceso a cualquier tipo de información por la Internet, las comunicaciones satelitales y con teléfonos celulares, los sistemas de posicionamiento global (GPS), sistemas de diagnósticos, y la cada vez más usada robótica.

Así como la llamada Revolución Industrial fue el símil de la era de la combustión que está finalizando, la Revolución Cibernética podrá ser el símil de la nueva era de la energía limpia que está comenzando.

Acelerado es también la reducción del tamaño de los aparatos cibernéticos, llegando al límite de poder proclamar también a la Revolución de la Nanotecnología como la futura era de la producción de servicios y bienes de consumo en la escala nanométrica, es decir: 0,000 000 001 (ó 10^{-9}) metros es un nanómetro (nm), escala en donde se sitúa el tamaño de las moléculas; por ejemplo una molécula pequeña: el H_2O, tiene un diámetro de 0,3 nm, una de azúcar tiene aprox. 1nm mientras que una molécula de proteína (ADN) tiene una forma helicoidal con una sección transversal alrededor de 1 nm pero con una longitud que puede alcanzar decenas de nanómetros. Como un ejemplo tenemos los recientes avances de los nanotubos de carbono que incluyen su conexión a nervios humanos para el uso de prótesis biónicas.

En el pasado, el dominio del ser humano estaba íntimamente relacionado al caballo, ya bien fuera por su uso como medio de transporte o como factor decisivo para el éxito de los ejércitos militares a través de las caballerías. La pasión del ser humano por los caballos los convertía en talismán para la conquista. Con el auge de la era de la combustión de los hidrocarburos fósiles, la función del caballo ha sido prácticamente sustituida por los motores de combustión, relegando el trabajo del caballo a algunas pocas faenas como el pastoreo de ganado, aunque esta también está siendo invadida ya por vehículos motorizados.

En el pasado los caballos transitaban por caminos de tierra, pero ahora los vehículos motorizados lo hacen por caminos cementados, lo que ha obligado al ser humano, lejos de estar en la edad de piedra, a moler más piedra en los años de la Revolución Industrial que toda la piedra usada por nuestros antepasados durante miles de años.

No cabe duda que la población mundial de caballos ha disminuido en relación a la población humana, quedando casi limitada al conjunto de las mascotas, principalmente para actividades deportivas como: carreras y saltos; así como también: rodeo en el caso de los EE. UU., polo ecuestre en el caso de Argentina, o toros coleados en el caso de Venezuela; deportes ecuestres que nacieron como resultado de la modalidad del pastoreo latifundista heredada en las colonias americanas.

La denominación de mascota se refiere a un talismán viviente: objeto mágico que trae felicidad y/o buena suerte (perros, gatos, etc., además de los caballos), y su principal característica es su cautiverio de acuerdo a las órdenes del ser humano, con fines de exhibición (zoológicos), concursos, o competencias deportivas; y a medida que avanzan las técnicas de reproducción en cautiverio, son más las especies animales que están convirtiéndose en mascotas (aves, reptiles, monos, etc.), al punto de que ya son muchas las especies como por ejemplo el tigre de bengala, cuyo número de ejemplares en cautiverio excede a los silvestres.

Al igual que las mascotas se adaptan a las órdenes del ser humano, este último podría estar en un futuro no muy lejano confinado a las órdenes de unos seres no biológicos: las computadoras. Sería la dominación del ser espiritual por el ser virtual. De hecho, en la actualidad muchas de las decisiones humanas a nivel global son producto de cálculos computacionales. Las más poderosas computadoras del mundo se dedican a usar modelos de predicción para llegar a decisiones que los humanos difícilmente somos capaces de alcanzar. Por ejemplo las predicciones de cambios climáticos usando modelos computacionales han conducido a protocolos (Kioto) que ordenan al ser humano la forma de proceder para disminuir las emisiones de gases del efecto invernadero. Muchos otros ejemplos podrían ser expuestos acerca de decisiones computacionales sustituyendo a las humanas; por ejemplo, en el caso de la mecánica automotriz, sería muy difícil que el mecánico a cargo averigüe una falla de un automóvil moderno sin antes revisar el resultado dado por un *scanner* conectado a la computadora que viene instalada en el automóvil. De hecho, los acoplamientos de las diferentes partes de muchos artefactos producidos en serie son realizados con la participación cada vez más de robots y no de humanos, como era común durante el pasado auge de la Revolución Industrial. Otro ejemplo del dominio de la cibernética son los diagnósticos médicos que pueden ser emitidos solo luego del análisis computacional asociado a los exámenes corporales con aparatos de espectrometría (resonancia magnética, rayos X, etc.). Actualmente, en algunos hospitales de avanzada tecnología realizan ciertas intervenciones quirúrgicas con cirujanos robóticos, en parte buscando subsanar dificultades ocasionadas por el temblor normal del pulso humano. Por otra parte, la combinación de la cibernética con la nanotecnología está generando investigación científica sobre el desarrollo de nanorobots que puedan actuar en la escala celular para combatir enfermedades, existiendo también la posibilidad de que puedan incluso reproducirse como los virus.

Aunque las computadoras actuales son armadas y puestas en funcionamiento por el ser humano, esa tarea pudiera ser considerada como la función de una mascota amaestrada, siendo finalmente las computadoras las que verdaderamente ejerzan el dominio global, con el acompañamiento de su fiel mascota: el ser humano.

Las decisiones en el sistema híbrido **capitalista-socialista** con fines del bienestar socioeconómico, en conjunto con un medio ambiente y biodiversidad sustentables, serán mejor dictadas por las computadoras en lugar de los seres humanos en el futuro planeta feliz.

APÉNDICE
(Cuento)

EL PLANETA FELIZ
DE SHERLOCK HOLMES.

Sumiéndose en su pipa, Sherlock Holmes, detective de la Scotland Yard, siempre respondía a su asistente (Watson) con el siguiente preámbulo: "Elemental, amigo Watson".

Por ejemplo, cuando Watson le preguntó:

—¿Por qué será que algunos árboles nos dan tantas frutas?

—Elemental, amigo Watson: Son seres vegetales generosos como fuente alimentaria primaria para todos los seres animales, independientemente de que estos puedan o no puedan encaramarse.

—¿Y es por eso que somos como monos antropoides que se encaraman para ser los primeros, verdad?

—Elemental, amigo Watson: Solo en lo referente al postre.

—Pero ¿porqué ahora nos gusta también el dulce en el postre?

—Elemental, amigo Watson: Porque a diferencia de los demás seres animales, los seres humanos hemos evolucionado como capitalistas.

—¿Quiere decir que el capital es para comprar el dulce?

—Elemental, amigo Watson: El dulce es el combustible del cuerpo humano, y se comporta de igual manera que el petróleo, combustible de las máquinas.

—¿Quiere decir que al disminuir el precio aumenta el acaparamiento y al aumentar la demanda aumenta el precio?

—Elemental, amigo Watson: Funciona sinusoidalmente, si no hay combustible disminuye la producción en la cocina, aumentando la hambruna y la necesidad de salir a cortar madera para hacer brasa.

—¿Y si baja el precio del barril como en el 2008?

—Elemental, amigo Watson: Las transnacionales inventan un recorte, y nos tocará también cortar madera, no solo para cocinar sino además para darnos calor en las noches de frío.

—Menos mal que la madera es un recurso renovable, ¿verdad?

—Elemental, amigo Watson: A menos que venga un niño que no quiera regar los árboles.

—¿Qué niño?

—Elemental, amigo Watson: El niño que viene todas las Navidades.

—O sea que si el niño sigue con esa actitud, y si además la predicción del agotamiento del petróleo se cumple, necesitaremos pronto otras alternativas energéticas, ¿verdad?

—Elemental, amigo Watson: El verdadero sentido de Copenhague, además del calentamiento global y del secuestro del CO_2.

—Pero entonces, ¿será que la falta de combustible para calefacción hará emigrar a los que viven en latitudes templadas hacia el trópico?

—Elemental, amigo Watson: El neocolonialismo del oro verde los hará emigrar huyendo de la próxima era glaciar que se avecina.

—Pero ¿cómo podrán movilizarse si escasea el combustible?

—Elemental, amigo Watson: La movilidad del futuro será híbrida.

—Seguramente el neocolonialismo ocasionará marchas de protesta, ¿verdad?

—Elemental, amigo Watson: Serán compensadas por las marchas carnavalescas del futuro planeta feliz.

—Pero cuál sería el gobierno de ese planeta feliz?

—Elemental, amigo Watson: un híbrido entre la Revolución y el Imperio.

FIN

Últimas obras publicadas
por CBHBooks

La editorial Cambridge BrickHouse, Inc.
ha creado el sello CBH Books
para apoyar la excelencia en la literatura.
Publicamos todos los géneros, en todos los idiomas
y en todas partes del mundo.
Publique su libro con CBH Books.
www.CBHBooks.com

De la presente edición:
El híbrido entre la Revolución y el Imperio
por Jorge Laine
producida por la casa editorial CBH Books
(Massachusetts, Estados Unidos),
año 2010.
Cualquier comentario sobre esta obra
o solicitud de permisos, puede escribir a:
Departamento de español
Cambridge BrickHouse, Inc.
60 Island Street
Lawrence, MA 01840, U.S.A.

www.ingramcontent.com/pod-product-compliance
Lightning Source LLC
Chambersburg PA
CBHW060640280326
41933CB00012B/2100